Luff ’94
Ertappt!

Ertappt!

Politische Karikaturen von Rolf Henn

Theiss

Die Deutsche Bibliothek – CIP-Einheitsaufnahme

Luff:
Luff '94: ertappt! : Politische Karikaturen / von Rolf Henn. –
Stuttgart : Theiss, 1994
ISBN 3-8062-1141-8
NE: HST
Vw: Henn, Rolf [Wirkl. Name] → Luff

Satz und Druck: Gulde-Druck GmbH, Tübingen
Printed in Germany
ISBN 3-8062-1141-8

Vom Pädagogenschreck zum Landarbeiter

Ein berühmter Kollege versuchte einmal, das Geheimnis eines guten Karikaturisten zu ergründen und kam schließlich zu einem grundsätzlich überzeugenden, wenn auch mathematisch anfechtbaren Ergebnis. Das Geheimnis bestehe, so schrieb er, aus 25 Prozent Fleiß, 25 Prozent Nervenstärke, 25 Prozent zeichnerischer Begabung, während die restlichen 99 Prozent vom Einfallsreichtum herrührten. Als jemand, der das Vergnügen hat, einen der nach herrschender Meinung besten Karikaturisten Deutschlands näher zu kennen, kann ich die errechneten 174 Prozent nur als groben Mittelwert akzeptieren. Denn im Falle Rolf Henns, dessen mit „Luff" signierte Werke tagtäglich millionenfach zum Frühstück verkostet werden, scheint mir vor allem der Anteil zeichnerischen Talents zu gering bemessen. Diese Erkenntnis bedarf allerdings keiner Erklärung, lediglich einer Kostprobe.

Mag der rasche Aufstieg des 38jährigen in den nationalen Olymp politischer Zeichner Kenner der Szene verblüfft haben, ehemalige Mitschüler haben es „schon immer gewußt". Früh hatte Luff sein Talent kultiviert. Bereits während seiner Pennäler-Jahre auf einem Idar-Obersteiner Gymnasium sorgte er für „Tafelfreuden" besonderer Art. Kein Lehrer war vor seinen witzigen Zeichenattacken sicher. Eine Fünf-Minuten-Pause genügte ihm, den gefürchteten Geschichtslehrer als mittelalterlichen Scharfrichter, den ungeschickten Physikpauker als zerstreuten Einstein-Verschnitt oder den mit einem charakteristischen Nasenprofil gesegneten Deutschlehrer als „Lucky-Luke" per Kreidestrich an den getäfelten Pranger zu stellen.

Henns Karriere vom zeichnerisch hochveranlagten Pädagogenschreck zum erfolgreichen Karikaturisten scheint irgendwie naheliegend und war doch großenteils von Zufällen bestimmt. Hätte der rheinland-pfälzische Kultusminister Ende der achtziger Jahre mehr Planstellen für Kunsterzieher ausgeschrieben, gäbe es heute wahrscheinlich keinen politischen Zeichner namens Luff. Lehrer wollte er werden – ausgerechnet Lehrer. Bisher kannte man die Identifikation des Täters mit seinen Opfern doch allenfalls aus der Kriminalistik. Aber Gott sei Dank hat das damals trotz Studium und Referendariat nicht geklappt. Und so wurde er Karikaturist. Nein, nicht gleich. Der gebürtige Obersteiner gehört nämlich zu jenen Auserwählten, die sich zunächst nicht berufen fühlten (meist ist es ja umgekehrt, nicht nur bei Zeichnern). „Ich hab' mir das nicht so recht zugetraut", sagt er heute – kaum zu glauben – ganz ohne Koketterie. Erst nach einem zweijährigen Intermezzo als Industrie- und Grafikdesigner faßte er sich ein Herz, klemmte sich ein paar Arbeitsproben unter den Arm und sprach beim Politikchef einer Tageszeitung vor. Und der gab ihm 1987 eine Chance, die er nun wirklich genutzt hat. Mittlerweile läßt er in zehn angesehenen Tageszeitungen seine Zeichenfeder sprechen, hat mit „Luff '94 – Ertappt!" sein sechstes Jahrbuch im Stuttgarter Theiss Verlag veröffentlicht und ist auf allen wichtigen Treffen und Ausstellungen seiner Zunft präsent.

Luff, der sich eine natürliche Bescheidenheit bewahrt hat, personifiziert – sicher unbewußt – eine amerikanische Lebensempfehlung: Mit den Füßen immer hübsch auf der Erde bleiben und nach den Sternen greifen. Abheben mag Rolf Henn zwar auch, aber nur, wenn's ums Segelfliegen geht, seine Leidenschaft. Ansonsten liebt er es bodenständig. Mit Frau, drei Kindern und Hund lebt er im Hunsrück-Örtchen Hennweiler (die Übereinstimmung mit seinem Nachnamen ist reiner Zufall). Dort hat er einen naturnahen Arbeitsplatz gefunden.

Die Vorteile der „Landarbeit" liegen auf der Hand: Ruhe und frische Luft. Weniger, weil in solcher Umgebung die Muse kußwilliger wäre. Das vielleicht auch. Vor allem aber läßt es sich hier besser schuften. Denn entgegen einem nicht aus der Welt zu schaffenden Klischee sind Kreativität oder gar „göttliche Eingebungen" zum guten Teil Ergebnis harter Arbeit. Talent ist „lediglich" die Voraussetzung.

Früher wäre es für einen Karikaturisten, der nichts anderes als ein politischer, tagesaktuell arbeitender Künstler ist, von entscheidendem Nachteil gewesen, auf dem Lande zu leben. Der Puls der Zeit war halt nur in der Großstadt fühlbar. Heute wird er via Kabel und Satellit in die entlegensten Dörfchen transportiert. Moderne Telekommunikation schafft völlig neue Arbeitsbedingungen und -chancen. Aktuelle und umfassende Information über die Geschehnisse in aller Welt sowie die Weiterleitung des gezeichneten Produkts in einer verblüffenden Qualität, Geschwindigkeit und Reichweite sind heute in Provinz und Metropole gleichermaßen möglich. So sind für Rolf Henn Kopierer und Telefax beinahe genauso wichtig wie die Tuschefeder.

Am Anfang eines jeden Arbeitstages stehen für den Zeichner, dessen Künstlername Luff übrigens auf die eigene frühkindliche Verballhornung des Vornamens zurückgeht, das Sammeln und Einordnen von Informationen, auf deren Grundlage er sein „Thema des Tages" auswählt. Er analysiert und bewertet die Zusammenhänge und „erbrütet" schließlich ein Szenario, das der Komplexität des Ereignisses gerecht wird und sich zudem witzig überzeichnen läßt. „Man muß in Metaphern denken können", erläutert Henn die Kunst. Das Umsetzen der Idee ist für ihn dann mehr oder weniger Fleißarbeit. Zeichnerisch kann er aus dem vollen schöpfen, besitzt schier unbegrenzte Möglichkeiten. Luffs Karikaturen bestechen vor allem durch die unverwechselbar getroffenen (durchaus auch im Sinne von „ertappten") Politiker und einen Detailreichtum, der dennoch nie den Blick auf den zugrundeliegenden Gedanken verstellt. Karikaturen, um deren Anschaulichkeit und Punktgenauigkeit sich der schreibende Kollege im Umgang mit der komplizierten Materie so häufig vergeblich bemüht. Daß man darüber auch noch lachen kann, ist, wie es ein „neidischer" Schreiber der Süddeutschen einmal formulierte, ja nicht weiter schlimm.

Arnold Groß

„In seiner Nähe soll es ja kaum noch
einen sicheren Stuhl geben!“

Per Dekret suspendiert Jelzin reihenweise seine politischen Gegenspieler. (September ’93)

Gefahr der Beschädigung

Das Superwahljahr 1994 steht bevor, und die Neuwahl des Bundespräsidenten droht zu parteipolitischen Zwecken mißbraucht zu werden. (September '93)

„Herein!“

Der Grundlagenvertrag zwischen Israel und der PLO beinhaltet gegenseitige Anerkennung
und Gewaltverzicht. (September ’93)

„Nachdem die Kröte vom Tisch ist,
wie wär's mit einer anderen Vorspeise?"

Als Alternative zur nicht mehr durchsetzbaren Karenztageregelung schlägt die Bundesregierung eine zwanzigprozentige Lohnkürzung an zehn bundeseinheitlichen Feiertagen vor. (September '93)

„Odysseus, Schätzchen! Schon zurück?"

Die Würdigung der diplomatischen Aktivität des Bundespräsidenten tritt hinter die lautstarke Diskussion um seine Nachfolge zurück. (September '93)

„Ich hoffe, Sie verstehen mich richtig:
Dies war keine Kampfansage!"

Die Arbeitgebervertretung Gesamtmetall kündigt einseitig die Tarifverträge und kommt damit erstmals den Gewerkschaften zuvor. (September '93)

„Nun ja, noch ist der Scheck nicht gedeckt, aber wir ringen darum!"

Vor den Vereinten Nationen erklärt Bundesaußenminister Kinkel, es werde um eine Verfassungsänderung gerungen, die die uneingeschränkte Teilnahme Deutschlands an UNO-Militäreinsätzen erlaube. (September '93)

Auch in der eigenen Partei wachsen die Stimmen gegen die Kandidatur des sächsischen Justizministers Steffen Heitmann zur Wahl des Bundespräsidenten. (Oktober '93)

Der Plasma-Skandal. Gesundheitsminister Seehofer löst kurzerhand das Bundesgesundheitsamt auf, als herauskommt, daß dort Informationen über aidsverseuchte Blutprodukte zurückgehalten wurden. (Oktober '93)

„Los! Vorbei!“

Trotz günstiger Wirtschaftsentwicklung ist nicht mit verminderten Arbeitslosenzahlen zu rechnen.
(Oktober '93)

„Wie wär's mit einer neuen Frisur, Madame?“

Die Regierungskoalition fordert, das gültige Ladenschlußgesetz zu reformieren oder gleich ganz abzuschaffen. (Oktober '93)

„Chef, die zu unterstützende indische Einheit
ist angekommen!"

Die Bundeswehr in Somalia.
Über die voraussichtliche Stärke des zu unterstützenden indischen Truppenkontingents herrscht Unklarheit.
(Oktober '93)

„Kein Plasma, keine Infusion, wirklich nur
Ihre Tabletten, Herr Meier!"

Blutpräparate sind in weitaus größerem Umfang aidsverseucht als je erwartet. (November '93)

In die Kissen und die Pfühle,
denn man liegt nicht gerne kühle.

Die Finanzplanung für den Umzug der Bundesregierung nach Berlin enthält einen umfangreichen Entschädigungskatalog für die Beamten. (November '93)

„Nun, mein Kind, wo drückt denn der Schuh?“

Der vom Kanzler einberufene sogenannte Bildungsgipfel bleibt ohne konkrete Ergebnisse. (November ’93)

„Möglichst ein Bild der Geschlossenheit, bitte!“

SPD-Parteitag in Wiesbaden. (November '93)

Hier kann man ihn noch erblicken,
fein geschroten und in Stücken.
(frei nach W. Busch)

Heitmann hält dem Druck allseitiger Kritik nicht mehr stand und tritt als Kandidat zur Wahl des Bundespräsidenten zurück. (November '93)

„Kommst Du, Tarzan?“

Heitmanns Rücktritt gilt als persönliche Niederlage und als Anfang vom Ende der Kanzlerschaft Kohls.
(November '93)

„Meine Güte, wie kann man nur so empfindlich sein?!"

Ausgerechnet im finanzschwachen Sachsen-Anhalt wurden die vorher bezogenen Gehälter der aus dem Westen importierten Regierungsmitglieder künstlich nach oben gerechnet und somit hohe Bemessungsgrundlagen für die neuen Ministergehälter geschaffen. Ohne Anzeichen von Einsicht oder Reue nimmt Ministerpräsident Münch seinen Hut. (November '93)

„Doch, doch, ich bin ganz begeistert!“

Der Präsident des Bundesverfassungsgerichts Roman Herzog sagt in einem Interview, die Kandidatur zur Wahl des Bundespräsidenten sei für ihn eher ein Opfer. (Dezember '93)

„Ein Einschreiben:
Ihr Gatte ist jetzt pflegeversichert."

Das parteipolitische Gezerre um die Pflegeversicherung hält an, obwohl man sich im großen und ganzen schon einig ist. (Dezember '93)

„Schirinowski soll uns im Garten ein wenig
zur Hand gehen, Boris.“

Bei den ersten freien Parlamentswahlen in Rußland wird die Partei des rechtsradikalen Nationalisten
Wladimir Schirinowski zweitstärkste Kraft. (Dezember ’93)

„Hoffe nur, daß unser Prinzchen
das Wachküssen schon beherrscht!"

Unter Ausklammerung der Film- und Medienindustrie kommt es zum langersehnten Abschluß des GATT-Abkommens. Man verspricht sich eine deutliche Belebung des Welthandels. (Dezember '93)

Maßgeschneidert

Mit Streichung zweier Feiertage will die Regierungskoalition über die Finanzierung der Pflegeversicherung hinaus die Unternehmen entlasten. (Dezember '93)

„Ich glaube, unsere Siegfried-Inszenierung wird
ein echter Knüller!“

Der Vorsitzende der Unionsfraktion Schäuble spricht sich für weitere Kürzungen im Sozialbereich aus.
Die SPD greift an. (Dezember '93)

„Alter Halunke! So trifft man sich wieder!“

Rechtsextremist Schirinowski trifft in München seinen Freund, den DVU-Vorsitzenden Gerhard Frey.
(Dezember ’93)

Schäuble macht's möglich.

Unionsfraktionschef Schäuble schlägt eine zivile Einsatzerweiterung der Bundeswehr vor. (Dezember '93)

„Sie brauchen sich nicht zu bedanken, ich helfe gerne!“

Vor dem aktuellen Hintergrund der akuten Hochwassersituation plädiert Bundesumweltminister Töpfer für ein neues Bodenschutzgesetz. (Dezember '93)

„Aber treten Sie doch näher, meine Herren!"

Beim Dreikönigstreffen der Liberalen in Stuttgart empfiehlt sich Hildegard Hamm-Brücher als Kandidatin für die Präsidentschaftswahl. (Januar '94)

„Könnten Sie eine kleine Reparatur vornehmen,
möglichst bis morgen?"

Roman Herzog soll als Integrationsfigur die Reihen der Union wieder schließen. (Januar '94)

„Dieses Modell wird vorerst für Sie reichen, Madame!"

Mit der sogenannten Partnerschaft für den Frieden kommen USA und NATO den nach NATO-Mitgliedschaft strebenden Staaten Osteuropas nur ein Stück weit entgegen, um jegliche Konfrontation mit Rußland zu vermeiden. (Januar '94)

Die Rache der „Enterbten“

Als die Friedrich-Ebert-Stiftung ihr einen Teil der Aufzeichnungen Willy Brandts vorenthält, sinnt seine Witwe Brigitte Seebacher-Brandt auf Rache. Mit Enthüllungen über Verbindungen Herbert Wehners zu SED und STASI versucht sie, dessen Ansehen und das der SPD zu beschädigen. (Januar '94)

„Sehr originell, Manfred,
das wird sie sicher beeindrucken!"

Zum Auftakt der Tarifverhandlungen im öffentlichen Dienst jammern beide Seiten über eine noch nie dagewesen schlechte Lage. (Januar '94)

Krieg und Frieden

SPD und F.D.P. sprechen sich für ein Wahlkampf-Fairneßabkommen aus. Vertreter der Unionsparteien äußern sich dazu eher skeptisch. (Januar '94)

„Sehen Sie, wir tun auch was für die Umwelt!"

Der Präsident des Dualen Systems Deutschland tritt zurück, weil es seines Erachtens vom Ziel der Abfallvermeidung abgerückt sei. Das DSD organisiere und kultiviere allenfalls Produktion und Recycling von Kunststoffabfall. (Januar '94)

An deutschen Nordseestränden werden Tausende Beutel des hochgiftigen Pflanzenschutzmittels Apron Plus gefunden. Zwei Monate zuvor hatte der französische Frachter Sherbro einen ganzen Container davon verloren. (Januar '94)

Palästinensische Friedensbrücke

Angesichts sinkender Popularität drückt Yassir Arafat bei den Verhandlungen des Gaza-Jericho-Abkommens deutlich auf das Tempo. (Februar '94)

Die Koalition diskutiert ernsthaft eine Art Arbeitsdienst für nicht zu vermittelnde Arbeitslose.
Die Union sinkt in der Wählergunst auf historischen Tiefstand. (Februar '94)

Tarifverhandlung der neuen Art

Erstmals bei Tarifverhandlungen verlangt die Arbeitgeberseite von den Gewerkschaften erstrittenes Terrain zurück. (Februar '94)

„Der Gauweiler muß sich noch mächtig gewehrt haben!"

Nach zähem Ringen können Stoiber und Waigel den wegen der sogenannten Kanzleiaffäre ins Zwielicht geratenen bayerischen Umweltminister Gauweiler zum Rücktritt bewegen. (Februar '94)

„Nach vorne schauen und gut festhalten!"

Beim CDU-Parteitag in Hamburg gibt Kohl sich kämpferisch. (Februar '94)

Nachdem ein NATO-Militärschlag gegen die Serben vorerst abgewendet ist, setzt sich der russische Präsident Jelzin an die Spitze einer Initiative zur friedlichen Lösung der Balkan-Krise. (Februar '94)

„Sag mal, hörst Du nicht auch so ein Ticken?“

Im Gegensatz zur Schwesterpartei bekennt sich die CDU klar zu einem bundesstaatlich strukturierten Europa.
(Februar ’94)

„Kleine Brötchen, Monika!
Mehr gibt der Ofen nicht her!“

Den Tarifabschlüssen bei Chemie und Metall mit Einkommensverbesserungen um 2% wird Signalfunktion für die Verhandlungen im öffentlichen Dienst zugeschrieben. (März '94)

Schutzmacht für Bosnien

Nachdem in Sarajewo relative Ruhe herrscht, beschießen die Serben mit den dort abgezogenen Waffen andere moslemisch bevölkerte bosnische Städte. UN und NATO erwägen, auch diese zu Schutzzonen zu erheben. (März '94)

„Denk nur, Rudolf, wir sind am Ziel!“

Scharping bringt SPD-Verhandlungsführer Rudolf Dressler dazu, in den Pflegekompromiß einzuwilligen. Vor der niedersächsischen Landtagswahl soll die Partei nicht als Bremser dastehen. (März '94)

„Ave, Tandler!
Die Kaltgestellten grüßen Dich!“

Als bekannt wird, daß CSU-Vize Gerold Tandler bei Bayerns größtem Steuerschuldner Eduard Zwick ein Privatdarlehen von 700 000 DM aufgenommen hat, muß er von allen Parteiämtern zurücktreten. (März ’94)

„Sie können jetzt den Botschafter Frankreichs hereinbitten!“

Bei den EU-Beitrittsverhandlungen mit Finnland, Norwegen, Österreich und Schweden nimmt Bundesaußenminister Kinkel Anstoß am Verhalten Frankreichs und bestellt den französischen Botschafter ins Bonner Auswärtige Amt ein. (März '94)

„Und warum hast Du so einen großen Mund?"

Nordkorea bezeichnet U.S.-Lieferungen von „Patriot"-Boden-Luft-Raketen an Südkorea als ernste Provokation, die zum Kriegsausbruch führen könne. (März '94)

„Nicht erschrecken!
Unser Ministerrat hat sich mal wieder geeinigt!"

Für den Beitritt der vier neuen EU-Mitgliedstaaten wird festgelegt, die Sperrminorität nicht entsprechend zu erhöhen. So wird das Durchsetzen von Entscheidungen noch schwieriger. (März '94)

Die Traumhochzeit

Die Forza Italia, die Partei des Medienmoguls Silvio Berlusconi, gewinnt die italienischen Parlamentswahlen.
(März '94)

Der Serbenspiegel

Milosevic und Karadzic propagieren, es bei der Durchsetzung ihrer großserbischen Ideale notfalls mit der ganzen Welt aufzunehmen. (April '94)

Ukrainische Ziehmutter

Aus finanziellen Gründen lehnt es die ukrainische Regierung ab, die noch intakten Blöcke des Atomkraftwerks Tschernobyl abzuschalten. (April '94)

Letzte Argumente

Gegen Ende des Wahlkampfes in Südafrika erreicht der Bombenterror rechtsradikaler Weißer seinen Höhepunkt. (April '94)

„Nervös, Mr. Mandela?“

Erste freie und gleiche demokratische Wahlen in Südafrika. Nach ersten Hochrechnungen zeichnet sich bereits der haushohe Sieg des ANC ab. (April ’94)

„Offen gesagt habe ich meine Zweifel, ob er wirklich derartig veranlagt ist!“

Der SPD-Verkehrsexperte Zöpel verläßt aus Protest gegen den angeblich zu angepaßten verkehrspolitischen Kurs Scharpings die Programmkommission. (Mai ’94)

Das in Kairo zwischen Israel und der PLO geschlossene Abkommen beinhaltet die palästinensische Selbstverwaltung in Jericho und im Gaza-Streifen. (Mai '94)

„Ich sagte: Das bringt uns einander sicher ein Stück näher!!"

Der Euro-Tunnel zwischen England und Frankreich wird feierlich eingeweiht.
Skeptiker bezweifeln den Nutzen des Milliardenprojekts. (Mai '94)

„Ach weißt Du, im Grunde geben wir ja gerne!“

Besonders der an die Palästinenser abgetretene Gaza-Streifen war für Israel stets ein Unruheherd. (Mai ’94)

„Ich sagte, herein!“

Die Postbediensteten und ihre Gewerkschaft DPG richten sich gegen den drohenden Sozialabbau bei der bevorstehenden Privatisierung. (Juni ’94)

„Inspektion? Wozu?“

Nordkorea bestreitet einerseits, Atombomben zu bauen, läßt andererseits aber keine UNO-Inspektionen zu.
Im Falle von Sanktionen droht es sogar mit Krieg. (Juni ’94)

Erfolgstreppe

Nach dem Tod Heinz-Werner Meyers wird Dieter Schulte, der Wunschkandidat der mächtigen IG Metall, neuer DGB-Vorsitzender. (Juni '94)

„Ich wußte nicht, wie anhänglich er ist!“

Bundeskanzler Kohl reist in die USA zum Eröffnungsspiel der Fußballweltmeisterschaft und wohnt dort sogar im Hotel der deutschen Mannschaft. (Juni ’94)

„Nach Afrika? Da lang!“

Die ehemalige Kolonialmacht Frankreich schickt Truppen nach Ruanda, um den Bürgerkrieg zu beenden.
Die vorangegangene U.S.-Intervention in Somalia war erfolglos geblieben. (Juni ’94)

Dreimal schwarzer Kater

Mit der Landtagswahl in Sachsen-Anhalt muß die F.D.P. zum drittenmal für 1994 aus einem Parlament ausziehen. (Juni '94)

Abschiedstränen

Nach zehn Jahren scheidet mit Richard von Weizsäcker ein vehementer Kritiker der politischen Parteien aus dem Amt des Bundespräsidenten. (Juli '94)

„Hab' gehört, dieser Höppner will damit
vier Jahre auf hohe See!"

In Sachsen-Anhalt erwägt die SPD die Bildung einer rot-grünen Minderheitsregierung
unter Tolerierung der PDS. (Juli '94)

„Tja, mein Junge, so ist das nun mal:
Verbrecher werden verhaftet und kommen ins Gefängnis!"

Der chinesische Ministerpräsident Li Peng besucht Deutschland. Er gilt als hauptverantwortlich für das Massaker auf dem Pekinger „Platz des himmlischen Friedens" im Juni 1989. (Juli '94)

„Aber, wie kann man nur derart beleidigt sein?!"

Mit Protestdemonstrationen konfrontiert und auf Menschenrechtsfragen angesprochen, bricht Li Peng sein Besuchsprogramm vorzeitig ab. (Juli '94)

„Und jetzt den Mund auf, bitte!"

Noch bevor sie gehalten ist, wird Bill Clintons Rede am Brandenburger Tor als historisch bezeichnet. Man erwartet, daß sie an den Auftritt John F. Kennedys 1963 an gleicher Stelle anknüpft. (Juli '94)

Die Brille zum Buch

Stauffenbergs Attentat auf Hitler jährt sich zum 50. Mal. Eine weitgehend überflüssige Diskussion über die Relevanz politischer Zielsetzungen bei der Bewertung von Widerstand gegen das NS-Regime bricht aus.
(Juli '94)

Die Würdigung des Vorreiters

Als in der andauernden Sommerhitze die bodennahe Ozonkonzentration alle Grenzwerte überschreitet, beschränkt die hessische Landesregierung die Höchstgeschwindigkeit im Straßenverkehr auf 90 km/h. Bundesumweltminister Töpfer bezeichnet die Maßnahme prompt als sinnlosen Aktionismus. (Juli '94)

„Ja, seit Jahren das gleiche:
Sie sucht ihr Profil!“

Angesichts der nahenden Bundestagswahl sucht die F.D.P. mittels härterer Auseinandersetzung mit der PDS und stärkerer Abgrenzung vom Koalitionspartner CDU/CSU ihre Konturen zu schärfen. (Juli '94)

„Aber nein, damit hab' ich nichts zu tun!"

Ein Bombenanschlag auf das jüdische Zentrum in Buenos Aires, bei dem 95 Menschen ums Leben kommen, wird einer Gruppe iranischer Diplomaten zugeschrieben. Natürlich leugnet der Iran jegliche Verbindung mit dem Attentat. (Juli '94)

„Und tschüs!"

Nachdem die bosnischen Serben auch den Friedensplan der internationalen Kontaktgruppe ablehnen, entzieht ihnen das wirtschaftlich angeschlagene Rest-Jugoslawien jegliche Unterstützung. (August '94)

„Bestätige: Momentane Höhe noch durchaus erwartungsgemäß!"

Der Bundesrechnungshof moniert, daß ein Stück des zu bauenden europäischen Jagdflugzeugs Eurofighter 150 Millionen Mark kosten soll, zwei Drittel mehr, als von Verteidigungsminister Rühe veranschlagt. (August '94)

„Sag' Feigling!"

Fidel Castro beschuldigt die USA, als Verursacher der kubanischen Wirtschaftskrise für den Ausbruch von Unruhen auf der Insel verantwortlich zu sein und droht mit der Öffnung der Grenzen für alle Ausreisewilligen.
(August '94)

LUFF (Rolf Henn)

Jahrgang 1956, geboren und aufgewachsen in Idar-Oberstein, studiert 1977 bis 1984 Kunsterziehung an der Universität Mainz und arbeitet nach dem Referendardienst als freier Industrie- und Grafikdesigner. Seine politischen Karikaturen druckt 1987 erstmals die Mainzer Allgemeine, später die Stuttgarter Zeitung, die Hannoversche Allgemeine, die Freie Presse Chemnitz und andere. Mit Ehefrau und drei Kindern lebt der passionierte Segelflieger in Hennweiler im Hunsrück (die Entsprechung mit seinem bürgerlichen Nachnamen ist reiner Zufall).

Seit 1989 erscheinen jährlich unter dem Titel „Ertappt!" Luffs beste Karikaturen im Theiss Verlag, Stuttgart.